Low Carb

Genussvoll zur Wunschfigur

Inhalt

Vorwort

Low Carb? Was bedeutet das eigentlich?

„Low Carb" ist die Kurzform für den englischen Ausdruck „low carbohydrates", übersetzt also „niedrige Kohlenhydrate". Diese, sehr ursprüngliche Ernährungsform ist besonders zum langfristigen Abnehmen geeignet. Low Carb ist vergleichbar mit der Ernährung des Menschen als Jäger und Sammler. Fleisch, Fisch, Kräuter, Nüsse und Beeren sowie wilde Gemüsesorten standen damals auf dem Speiseplan.

Kohlenhydrate liefern dem Körper i. d. R. schnelle Energie; sie werden vom Körper in Zucker umgewandelt. Wird dieser Zucker nicht verbraucht, lagert er sich als Fett im Körper an. Zucker und besonders stärkehaltige Lebensmittel finden daher in der Low-Carb-Ernährung keinen Platz. Ausnahmen dabei sind vollwertige Lebensmittel mit langkettigen Kohlenhydraten, wie in Vollkornreis, Quinoa oder Vollkornnudeln. Diese stehen durch eine längere Verdauungszeit dem Körper erst nach und nach als Energie zur Verfügung; außerdem sind sie wichtig für den Ballaststoff-Haushalt unseres Körpers.

Was darf ich essen? Was nicht?

Neben den schon erwähnten Vollwertprodukten, in erster Linie natürlich Obst und Gemüse. Bei Obst sollte man aber auf „Zuckerbomben" verzichten und lieber auf Obstsorten mit geringem Kohlenhydratanteil ausweichen. Dazu gehören zum Beispiel Beeren oder auch Papaya.

Fertigprodukte mit hohem Zuckeranteil sind tabu! Dazu gehören Fertigsaucen, Fruchtjoghurts aus dem Handel, Fruchtsäfte (besonders Fruchtnektar), Ketchup und im Prinzip alle „Convenience-Produkte"; also quasi alles, was eine lange Zutatenliste auf der Verpackung hat. Dort ist im Allgemeinen viel zu viel Zucker als Geschmacksverstärker und als billiger „Füllstoff" enthalten. Wer den Zuckeranteil auf einer Fruchtjoghurtpackung oder in einer Grillsauce überprüft, wird überrascht sein. Frisch kochen und selber machen ist also ab sofort angesagt!

Eiweißreiche Lebensmittel ergänzen die Gemüsebasis der Low-Carb-Ernährung. Milchprodukte, Eier, Fleisch, Fisch, Nüsse und Samen sind erlaubt und erwünscht. Fette in Maßen, Öle sind uneingeschränkt verwendbar. Dabei sollten Sie möglichst Öle mit ungesättigten Fettsäuren zu sich nehmen. Oliven- und Rapsöl sind dabei wahre Alleskönner. Auch Avocado steht bei der Low-Carb-Ernährung hoch im Kurs.

Wie viele Kohlenhydrate sind täglich erlaubt?

Low Carb heißt, wie wir nun wissen, „wenig Kohlenhydrate", nicht aber „keine Kohlenhydrate". Glucose als Zuckerart ist schon alleine für unser Gehirn als Energielieferant notwendig. Sich ganz ohne Kohlenhydrate zu ernähren, bedeutet Mangelernährung und eine Gefahr für den Körper.

Zum Abnehmen wird allgemein eine Kohlenhydratmenge von bis zu 50 g pro Tag empfohlen. Die Menge darf aber durchaus darüber liegen, wenn die oben schon erwähnten, langkettigen Kohlenhydrate, also vollwertige Nahrungsmittel verzehrt werden. Es kommt also nicht unbedingt nur auf die Menge der Kohlenhydrate an, sondern auch auf die Dauer der Verdauung im Körper.

Muss ich weniger essen? Werde ich überhaupt satt?

„Low Carb" bedeutet nicht zu hungern, sondern das Richtige zu essen. Am Anfang der Low-Carb-Ernährung kann es öfter mal zum „kleinen Hunger zwischendurch" kommen, da wir an wesentlich größere Kohlenhydratmengen in unseren Mahlzeiten gewöhnt sind. Um die Zeit zwischen den Hauptmahlzeiten zu überbrücken, finden Sie hier im Buch auch kleine Low-Carb-Snacks für zwischendurch.

Was muss ich beachten?

Bei jeder grundlegenden Ernährungsumstellung und bei allen Diäten ist es angeraten, sich vorher mit dem Hausarzt abzusprechen. Er weiß am besten, welche Ernährung für Sie geeignet oder auch ungeeignet sein könnte.

Ich möchte mich nicht unbedingt „Low Carb" ernähren. Mir gefallen aber die Rezepte. Kann ich dieses Kochbuch trotzdem verwenden?

Natürlich können alle Rezepte aus diesem Buch mit den üblichen Sättigungsbeilagen, wie z. B. Kartoffeln, Reis oder Nudeln ergänzt werden. Auch die hier teilweise benutzten Zuckerersatzstoffe können 1:1 durch normalen Haushaltszucker ersetzt, zuckerfreie Schokolade kann gegen handelsübliche Kuvertüre oder Zartbitterschokolade ausgetauscht werden. Jedoch ist es auf keinen Fall ungesund, ein wenig auf seine Kohlenhydrate zu achten…

Zum Autor

Jan Wischnewski ist ausgebildeter Koch aus der „Sterne"-Küche und verfügt über ca. 20 Jahre Kocherfahrung in Deutschland, den USA und der Karibik. 15 Jahre davon als Küchenchef, u.a. beim Käfer-Partyservice. Seit 5 Jahren ist er Rezeptautor für Kochbücher, Zeitschriften und Tageszeitungen. Jan Wischnewski ist außerdem Foodfotograf mit eigenem Studio in Berlin.

Frühstück

Frühstücksdrink
mit Avocado, Limette und Minze

Zutaten

2 Limetten
2 Zweige Minze
1 Avocado
350 ml Sojamilch
1 EL Ahornsirup

Außerdem

Stabmixer
frische Minze zum Garnieren
Limettenscheiben zum Garnieren

Vorbereitungszeit: 10 Min.
Gesamtkochzeit: keine
Personen: 2
Schwierigkeitsgrad: einfach

Den Saft der Limetten auspressen. Die Minze waschen, trocken schütteln und die Blätter von den Zweigen zupfen. Die Avocado halbieren, entkernen und das Fruchtfleisch aus der Schale heben.

Den Limettensaft, die Minze, das Avocadofruchtfleisch, die Sojamilch und den Ahornsirup mit einem Stabmixer pürieren. In Gläser füllen und mit frischer Minze und Limettenscheiben garnieren.

Praxis-Tipp: Wer die Kohlenhydrate noch reduzieren möchte, ersetzt den Ahornsirup durch einen Zuckerersatzstoff wie z. B. Stevia. Dieses Rezept ist für Veganer geeignet. Die Sojamilch kann, nach Belieben, auch durch Mandelmilch o. Ä. ersetzt werden.

kJ/kcal 1570/380 • K 13,5 g • E 8,9 g • F 31,8 g

Blaubeer-Smoothie
mit Flohsamenschalen

Zutaten

250 g Blaubeeren (frisch oder TK)
100 ml Milch
150 g Naturjoghurt
1 TL Agavendicksaft
1 TL Flohsamenschalen (Pulver)

Außerdem

Standmixer

Vorbereitungszeit: 5 Min.
Gesamtkochzeit: keine
Personen: 2
Schwierigkeitsgrad: einfach

Die Blaubeeren waschen und verlesen (tiefgekühlte Blaubeeren auftauen lassen). Zusammen mit der Milch, dem Joghurt, dem Agavendicksaft und den Flohsamenschalen im Standmixer pürieren. In Gläser füllen und sofort genießen.

Die Flohsamenschalen im Smoothie sind reine Ballaststoffe; sie quellen im Magen auf und sorgen für ein Sättigungsgefühl.

Praxis-Tipp: Wer die Kohlenhydrate noch weiter reduzieren möchte, ersetzt den Agavendicksaft durch einen Zuckerersatzstoff wie z. B. Stevia.

kJ/kcal 580/140 • K 14,8 g • E 5,4 g • F 5,3 g

Apfel-Möhren-Smoothie
mit Haferflocken

Zutaten

250 g Möhren
300 g Äpfel
100 ml Sanddornsaft
1 EL Agavendicksaft
4 EL zarte Haferflocken

Außerdem

Standmixer
Haferflocken zum Bestreuen
Möhrengrün zum Garnieren

Vorbereitungszeit: 10 Min.
Gesamtkochzeit: keine
Personen: 2
Schwierigkeitsgrad: einfach

Die Möhren schälen und klein schneiden. Die Äpfel waschen, halbieren, entkernen und würfeln. Die Möhren und die Äpfel zusammen mit dem Sanddornsaft, dem Agavendicksaft und den Haferflocken im Mixer pürieren.

Gut gekühlt in Gläser verteilen, mit Haferflocken bestreuen und mit Möhrengrün garnieren.

Wussten Sie schon?

Laut verschiedener Studienergebnisse leiden Menschen, die regelmäßig Äpfel essen weniger an Bronchial- oder Lungenkrankheiten. Der Grund hierfür wird in den Katechinen vermutet, die in der Frucht enthalten sind. Andere Stoffe wie Carotinoide und Flavonoide sollen das Krebsrisiko senken und wirken antioxidativ.

kJ/kcal 860/200 • K 35,6 g • E 4,6 g • F 3,8 g

Rührei mit Quinoa und Tomaten

Zutaten

100 g Quinoa
250 g Kirschtomaten
2 Schalotten
3 EL Olivenöl
8 Eier
1 EL Butter
Salz
frisch gemahlener Pfeffer

Außerdem

Sieb
frischer Oregano zum Garnieren

Vorbereitungszeit: 15 Min.
Gesamtkochzeit: 30 Min.
Personen: 4
Schwierigkeitsgrad: einfach

Die Quinoa in kochendem Salzwasser 15–20 Minuten mit noch leichtem Biss garen. In einem Sieb abgießen, kurz abspülen und abtropfen lassen. In der Zwischenzeit die Kirschtomaten waschen und vierteln. Die Schalotten abziehen und fein würfeln.

Das Olivenöl in einem kleinen Topf erhitzen und die Schalotten darin glasig werden lassen. Die Tomaten hinzufügen, ca. 5 Minuten bei niedriger Temperatur schmoren lassen.

Die Eier verquirlen und in einer beschichteten Pfanne in der heißen Butter zu Rühreiern braten. Die Quinoa unterheben, mit Salz und Pfeffer würzen. Die Tomaten abschmecken und zusammen mit dem Quinoa-Rührei in Schälchen anrichten. Mit frischem Oregano garnieren.

Praxis-Tipp: Wenn es morgens schnell gehen soll, die Quinoa einfach am Vorabend garen. Im Handel findet man helle und auch rote Quinoa. Für dieses Rezept funktionieren beide Sorten.

kJ/kcal 1322/315 • K 18,25 g • E 16,73 g • F 19,65 g

Mandelcrêpes
mit Beeren und Vanillequark

Zutaten

Für den Teig

250 g Mandelmehl
400 ml Milch
3 Eier
1 TL Agavendicksaft
2 EL Guarkernmehl
1 Prise Salz
Butter zum Braten

Für die Füllung

500 g Quark (40 %)
4 EL Sahne
Mark von 1/2 Vanilleschote
125 g Himbeeren
125 g Brombeeren
125 g Blaubeeren
3–4 Zweige Zitronenmelisse
abgeriebene Schale
von 2 unbehandelten Limetten

Außerdem

Küchenpapier

Vorbereitungszeit: 20 Min.
Gesamtkochzeit: 10 Min.
Wartezeit: 30 Min.
Personen: 4
Schwierigkeitsgrad: einfach

Für den Teig alle Zutaten glatt rühren und etwa 30 Minuten ausquellen lassen. Butterflöckchen in einer beschichteten Pfanne erhitzen und nacheinander aus dem Teig bei mittlerer Temperatur dünne Crêpes backen und auf Küchenpapier abtropfen lassen.

Für die Füllung den Quark mit der Sahne und der Vanille glatt verrühren. Die Beeren waschen, ggf. verlesen und mit Küchenpapier trocken tupfen. Die Zitronenmelisse waschen, trocken schütteln und die Blätter in feine Streifen schneiden. Die Crêpes auf Tellern anrichten, den Quark und die Beeren auf die Hälfte eines jeden Crêpes verteilen und die andere Crêpe-Hälfte darüber einklappen. Mit der Zitronenmelisse und dem Limettenabrieb bestreuen.

Praxis-Tipp: Die Mandelcrêpes sind nicht ganz so fest wie Crêpes, welche mit Weizenmehl gebacken werden. Daher vorsichtig erst dann wenden, wenn sie fast durchgebacken sind. Wer doch ein wenig mehr Süße braucht, beträufelt die fertigen Crêpes mit ein paar Tropfen Ahornsirup. Die Mandelcrêpes schmecken auch als Dessert wunderbar.

kJ/kcal 2770/670 • K 19,9 g • E 39,1 g • F 46,5 g

Rote-Bete-Smoothie
mit Orangen

Zutaten

3 Orangen
300 g Rote Bete
1 Msp. Fenchelsamen

Außerdem

Standmixer
frische Minze zum Garnieren
Limettenscheiben zum Garnieren

Vorbereitungszeit: 10 Min.
Gesamtkochzeit: keine
Personen: 2
Schwierigkeitsgrad: einfach

Den Saft der Orangen auspressen. Die Rote Bete schälen (am besten mit Küchen- oder Einweghandschuhen) und in kleine Würfel schneiden.

Den Orangensaft zusammen mit der Rote Bete und dem Fenchelsamen im Mixer fein pürieren. Wer einen eher preisgünstigen Mixer besitzt, gart die Rote Bete vor. Gut gekühlt in Gläsern oder kleinen Fläschchen servieren.

Wussten Sie schon? Bei regelmäßigem Rote-Bete-Konsum erhöht sich die Leistungsfähigkeit. Man fühlt sich vital und die Fettverbrennung wird angekurbelt. Darüber hinaus optimiert Rote Bete die Durchblutung, wodurch sich hartnäckige Fettpölsterchen besser mobilisieren lassen.

kJ/kcal 620/150 • K 23,5 g • E 4,1 g • F 0,8 g

Mandel-Porridge

Zutaten

200 g gemahlene Mandeln (geschält)
500 ml Milch
1 EL Xylit-Zucker
1 Prise Salz
ca. 2 TL Flohsamenschalen
2 Äpfel
2 EL Butter
1 TL Zimt

Außerdem

grob gehackte Mandeln
zum Garnieren

Vorbereitungszeit: 5 Min.
Gesamtkochzeit: 10 Min.
Wartezeit: 10 Min.
Personen: 4
Schwierigkeitsgrad: einfach

Die Mandeln mit der Milch, dem Xylit, dem Salz und den Flohsamenschalen etwa 5 Minuten bei niedriger Temperatur unter häufigem Rühren köcheln lassen. Etwa 10 Minuten ausquellen lassen. Wer das Mandelporridge noch etwas dicklicher mag, fügt noch etwas Flohsamenschalen hinzu und lässt diese noch ein paar Minuten quellen.

In der Zwischenzeit die Äpfel waschen, halbieren, entkernen und in dünne Spalten schneiden. 1 EL Butter in einer Pfanne erhitzen und die Apfelspalten darin von beiden Seiten je 2-3 Minuten braten. Die restliche Butter in das Porridge rühren. In Schälchen anrichten, die gebratenen Apfelspalten dekorativ darauf verteilen und mit dem Zimt bestreuen. Mit gehackten Mandeln garnieren.

Praxis-Tipp: Als vegane Variante die Milch durch eine Getreidemilch und die Butter durch Pflanzenmargarine oder Kokosfett ersetzen.

kJ/kcal 1676/400 • K 15,5 g • E 13,5 g • F 31,6 g

Papayamus mit Macadamianusskernen

Zutaten

350 g Papayafruchtfleisch
(ca. 1/2 große Papaya)
Saft von 1/2 Zitrone
60 g ungesalzene
Macadamianusskerne

Außerdem

Blitzhacker
4 kleine Einmachgläser (ca. 80 ml)

Vorbereitungszeit: 10 Min.
Gesamtkochzeit: 10 Min.
Kühlzeit: 3 Std.
Personen: 4
Schwierigkeitsgrad: einfach

Das Papayafruchtfleisch würfeln und in einem Topf unter Rühren zum Kochen bringen. 10 Minuten leise köcheln lassen und dabei öfter umrühren.

In der Zwischenzeit 20 g der Macadamianusskerne im Blitzhacker mahlen und zusammen mit dem Zitronensaft zur Papaya geben. Das Fruchtfleisch zu Mus zerdrücken. Dabei dürfen ruhig auch noch kleine Stücke zu sehen sein. Noch heiß in kleine Einmachgläser umfüllen, fest verschließen und im Kühlschrank mindestens 3 Stunden kalt stellen.

Kurz vor dem Servieren die restlichen Nüsse grob hacken und in einer trockenen Pfanne rösten. Die Gläser öffnen, die gerösteten Nüsse auf dem Mus verteilen und servieren.

Praxis-Tipp: Das Papayamus hält sich mehrere Wochen, wenn die Einmachgläser vorher ausgekocht wurden.

kJ/kcal 480/120 • K 5,3 g • E 1,6 g • F 11,1 g

Smoothie mit Birne und Staudensellerie

Zutaten

300 g Staudensellerie
1 Birne (ca. 200 g)
250 ml Mineralwasser
2 EL Zitronensaft

Außerdem

Standmixer

Vorbereitungszeit: 10 Min.
Gesamtkochzeit: keine
Personen: 2
Schwierigkeitsgrad: einfach

Den Sellerie putzen, waschen und klein schneiden. Die Birnen waschen, halbieren und entkernen. Das Fruchtfleisch der Birnen ebenfalls klein schneiden und zusammen mit dem Staudensellerie, dem Mineralwasser und dem Zitronensaft im Standmixer fein pürieren. Gut gekühlt servieren.

Praxis-Tipp: Die Kohlenhydrate in diesem Smoothie können, je nach Reifegrad der Birnen, schwanken, da vollreife Birnen einen höheren Zuckeranteil haben. Wer wirklich wenig Kohlenhydrate in diesem Smoothie haben möchte, kauft feste, etwas säuerliche Birnen.

kJ/kcal 322/77 • K 15,7 g • E 2,3 g • F 0,6 g

Geschichtetes Müsli
mit Mandeln, Joghurt und Kiwi

Zutaten

100 g ganze Mandeln (geschält)
30 g Rosinen
500 g griechischer Joghurt
4–5 Kiwis

Außerdem

Stabmixer
Kiwischeiben und frische Minze
zum Garnieren

Vorbereitungszeit: 15 Min.
Gesamtkochzeit: 5 Min.
Personen: 4
Schwierigkeitsgrad: einfach

Die Mandeln in einer trockenen Pfanne ca. 5 Minuten duftend rösten. Abkühlen lassen, mit den Rosinen vermischen und in kleine Gläser füllen. Den Joghurt darauf schichten.

Die Kiwis schälen, klein schneiden und mit einem Stabmixer pürieren. Das Kiwipüree erst kurz vor dem Servieren auf dem Joghurt verteilen und mit Kiwischeiben und frischer Minze garnieren.

Praxis-Tipp: Das in der Kiwi enthaltene Enzym Actinidin spaltet Milchproteine und lässt z. B. Milch, Joghurt oder Quark nach einiger Zeit bitter schmecken. Daher das Kiwipüree wirklich erst kurz vor dem Servieren in die Gläser füllen. Wer dieses Müsli vegan genießen möchte, ersetzt den Joghurt durch Sojajoghurt. Mit Sojajoghurt reagiert auch das o. g. Enzym nicht.

kJ/kcal 1450/350 • K 14,7 g • E 12,8 g • F 26,3 g

Vorspeisen & Snacks

Topinamburcreme

Zutaten

500 g Topinambur
1 Zwiebel
150 g Knollensellerie
3 EL Olivenöl
400 ml Gemüsebrühe
Salz
1/2 TL Zimtpulver
200 g Sahne
Fett zum Frittieren
frisch geriebener Muskat

Außerdem

Standmixer
Gemüseschneider oder Mandoline
Küchenpapier
Zimtpulver zum Bestäuben
Daikonkresse zum Garnieren

Vorbereitungszeit: 10 Min.
Gesamtkochzeit: 25 Min.
Personen: 4
Schwierigkeitsgrad: einfach

Die Topinamburknollen bis auf 2 Stück schälen und klein schneiden. Die Zwiebel und den Sellerie schälen und würfeln. Das Olivenöl in einem Topf erhitzen und das vorbereitete Gemüse darin anbraten. Mit der Brühe ablöschen, mit Salz und dem Zimt würzen und etwa 15 Minuten kochen lassen.

Die Sahne dazugeben und den Inhalt des Topfes im Mixer fein pürieren. Die restlichen Topinamburknollen schälen und auf einem Gemüseschneider oder einer Mandoline in dünne Scheiben hobeln. Frittierfett auf 170 °C erhitzen und die Topinamburscheiben darin goldbraun frittieren. Auf Küchenpapier abtropfen lassen.

Die Suppe kurz aufkochen lassen, abschmecken und in tiefen Tellern anrichten. Mit Zimtpulver bestäuben, die Topinambur-chips darauf verteilen und mit Daikonkresse garnieren.

Praxis-Tipp: Zum Frittieren der Topinamburscheiben reicht ein Fingerbreit Fett in einer Pfanne. Die Scheibchen sind kross, wenn keine Blasen mehr aufsteigen.

kJ/kcal 1300/310 • K 9,2 g • E 4,9 g • F 27,8 g

Kohlrabisuppe mit Anis

Zutaten

600 g Kohlrabi
1 Zwiebel
3 EL Olivenöl
3–4 Anissterne
300 ml Gemüsebrühe
Salz
frisch gemahlener Pfeffer
200 g Sahne
frisch geriebener Muskat

Außerdem

Standmixer
Kresse zum Garnieren
Olivenöl zum Beträufeln

Vorbereitungszeit: 15 Min.
Gesamtkochzeit: 15 Min.
Personen: 4
Schwierigkeitsgrad: einfach

Den Kohlrabi schälen und klein schneiden. Die Zwiebel abziehen und grob würfeln. Das Olivenöl in einem Topf erhitzen, die Anissterne darin kurz anrösten, den Kohlrabi und die Zwiebel darin anbraten. Mit der Brühe ablöschen, salzen, pfeffern und bei niedriger Temperatur 10–15 Minuten kochen lassen. Sobald sich der Kohlrabi leicht einstechen lässt, die Anissterne aus der Brühe fischen.

Den Inhalt des Topfes zusammen mit der Sahne im Standmixer fein pürieren. Kurz aufkochen lassen und dann mit Salz, Pfeffer und Muskat abschmecken. In Schälchen anrichten, mit Kresse garnieren und mit ein paar Tropfen Olivenöl beträufeln.

Praxis-Tipp: Die Kohlrabiblätter muss man nicht wegwerfen. Sie können in der Suppe mitgekocht oder, in feinen Streifen, zum Garnieren genutzt werden. Die Stiele der Blätter sollten jedoch entfernt werden.

kJ/kcal 1060/260 • K 6,8 g • E 3,3 g • F 23,5 g

Matjessalat mit Pumpernickel

Zutaten

3 Matjesfilets
(einzeln, keine Doppelfilets)
3 Schalotten
4–5 Schnittlauchhalme
1 Apfel
1 TL Weißweinessig
frisch gemahlener Pfeffer
12 Scheiben rundes
Pumpernickelbrot (à ca. 9 g)
4 EL Crème fraîche

Außerdem

Küchenpapier
Zitronenzeste zum Garnieren
Dillspitzen zum Garnieren

Vorbereitungszeit: 20 Min.
Gesamtkochzeit: keine
Stück: 12
Schwierigkeitsgrad: einfach

Die Matjesfilets abspülen, mit Küchenpapier trocken tupfen und fein würfeln. Die Schalotten abziehen, 2 Schalotten in kleine Würfel, die letzte Schalotte in dünne Ringe schneiden. Den Schnittlauch waschen, trocken tupfen und in kleine Röllchen zerschneiden.

Den Apfel waschen, halbieren, entkernen und fein würfeln. Mit den Matjeswürfeln, den Schalottenwürfeln, dem Schnittlauch und dem Essig vermischen. Mit Pfeffer abschmecken.

Die Pumpernickelscheiben mit der Crème fraîche bestreichen und den Matjessalat aufsetzen. Mit den Schalottenringen, mit Zitronenzeste und mit den Dillspitzen garnieren.

Wussten Sie schon? Die Omega-3-Fettsäuren im Matjes sind der beste Schutz für Herz- und Blutgefäße. Zudem enthält Matjes viel Biotin, welches gut für gesunde Haut und Haare ist.

kJ/kcal 433/103 • K 6,5 g • E 4,2 g • F 6,7 g

Gegrillte Jakobsmuscheln
mit Bacon und Lauch

Zutaten
2 Stangen Lauch
12 Jakobsmuscheln (ohne Rogen),
ca. 450 g
100 g Bacon in Streifen
1 EL Butter
Salz
frisch geriebener Muskat
2 EL Olivenöl
1 EL Knoblauchöl
frisch gemahlener Pfeffer

Außerdem
Sieb
Küchenpapier
Backofengitter
Backblech
Grillpfanne
frischer Thymian zum Garnieren

Vorbereitungszeit: 20 Min.
Gesamtkochzeit: 25 Min.
Personen: 4
Schwierigkeitsgrad: einfach

Den Backofen auf 180 °C Umluft vorheizen. Den Lauch putzen, längs halbieren und quer in dünne Streifen schneiden. In einem Sieb gründlich waschen und abtropfen lassen. Das Muschelfleisch abspülen und mit Küchenpapier trocken tupfen. Den Bacon auf einem Backofengitter auslegen, ein Backblech mit Backpapier zum Auffangen des abtropfenden Fettes in die untere Schiene des Ofens schieben und den Bacon auf mittlerer Schiene darüber einschieben. Etwa 15 Minuten kross backen.

In der Zwischenzeit die Butter in einer Pfanne erhitzen und den Lauch darin anbraten. Mit etwa 50 ml Wasser ablöschen und aufkochen lassen. Mit Salz und Muskat würzen und unter gelegentlichem Schwenken schmoren lassen, bis das Wasser verdampft ist. Eine Grillpfanne aufheizen. Die Muscheln in einer Schale mit dem Olivenöl und dem Knoblauchöl vermengen und in der heißen Grillpfanne ohne weiteres Fett von beiden Seiten je 2-3 Minuten braten. Mit Salz und Pfeffer würzen.

Den Lauch in Schälchen anrichten, das Muschelfleisch und den etwas kleiner geschnittenen Bacon darauf verteilen. Mit frischem Thymian garnieren.

kJ/kcal 970/230 • K 2,7 g • E 17,2 g • F 16,7 g

Eier mit Bacon und Schnittlauch
aus dem Ofen

Zutaten

6–8 Schnittlauchhalme
4 Streifen Bacon (ca. 50 g)
4 Eier (Größe L)
Salz
frisch gemahlener Pfeffer

Außerdem

Muffinblech
Papierförmchen für Muffins
Schnittlauchhalme zum Garnieren
Gartenkresse zum Garnieren

Vorbereitungszeit: 5 Min.
Gesamtbackzeit: 20 Min.
Personen: 4
Schwierigkeitsgrad: einfach

Den Backofen auf 160 °C Umluft vorheizen. 4 Mulden eines Muffinblechs mit Papierförmchen auslegen. Den Schnittlauch waschen, trocken schütteln und in kleine Röllchen schneiden.

Je 1 Streifen Bacon am Innenrand der Förmchen entlang einlegen. Die Schnittlauchröllchen in den Förmchen verteilen, die Eier vorsichtig öffnen und jeweils 1 Ei in jedes Förmchen gleiten lassen. Im Ofen ca. 15 Minuten garen. Aus den Mulden heben, salzen, pfeffern und mit Schnittlauchhalmen und Gartenkresse garnieren.

Praxis-Tipp: Statt Schnittlauch nach Belieben auch z. B. zerbröckelten Feta oder Tomatenwürfel in die Förmchen füllen.

kJ/kcal 610/150 • K 0,7 g • E 11 g • F 11 g

Gemüsechips

Zutaten

200 g Rote Bete
200 g Möhren
200 g Pastinaken
4 EL Olivenöl
grobes Meersalz zum Bestreuen

Außerdem

Gemüseschneider oder Mandoline
Backblech
Backpapier

Vorbereitungszeit: 20 Min.
Gesamtbackzeit: 55 Min.
Personen: 4
Schwierigkeitsgrad: einfach

Den Backofen auf 130 °C Ober- und Unterhitze vorheizen. In der Zwischenzeit das Gemüse schälen. Auf einem Gemüseschneider oder einer Mandoline in 2 mm dicke Scheiben hobeln. Dabei die Möhren und die Pastinaken in Längsrichtung schneiden.

Die Gemüsescheiben nebeneinander auf einem Backblech mit Backpapier verteilen und mit dem Olivenöl bepinseln. Im Backofen 50–55 Minuten trocknen lassen. Dabei öfter die Backofentür öffnen, um den entstandenen Dampf entweichen zu lassen oder einen Kochlöffel in die Backofentür klemmen, um sie so einen Spaltbreit offen zu halten. Die Chips kurz vor dem Servieren mit grobem Meersalz bestreuen und am besten am selben Tag frisch genießen.

Praxis-Tipp: 200 g Crème fraîche mit 2 EL Meerrettich verrühren und als Dip zu den Chips reichen. Wenn es schneller gehen soll, die Chips portionsweise im tiefen Fett goldbraun frittieren, bis keine Blasen mehr aufsteigen.
Auf Küchenpapier abtropfen lassen.

kJ/kcal 570/140 • K 9,4 g • E 1,6 g • F 10,3 g

Knäckebrot mit Räucherlachs, Gurke und Crème fraîche

Zutaten

200 g Salatgurke
4 Scheiben Vollkorn-Knäckebrot
4 EL Crème fraîche
Salz
frisch gemahlener Pfeffer
4 Scheiben Räucherlachs, à ca. 40 g

Außerdem

Gemüseschneider oder Mandoline
Gartenkresse zum Bestreuen

Vorbereitungszeit: 10 Min.
Gesamtkochzeit: keine
Personen: 4
Schwierigkeitsgrad: einfach

Die Gurke waschen und auf einem Gemüseschneider oder auf einer Mandoline zu dünnen Scheiben hobeln. Das Knäckebrot mit der Crème fraîche bestreichen und die Gurkenscheiben darauf verteilen. Mit Salz und Pfeffer würzen.

Die Lachsscheiben einzeln zu Röschen eindrehen und auf die Gurkenscheiben setzen. Mit frischer Gartenkresse garnieren.

Praxis-Tipp: In den ersten Tagen einer Low-Carb-Ernährung stellt sich aufgrund der reduzierten Kohlenhydrate öfter ein Hungergefühl ein. Daher ruhig ab und zu mal kleine Snacks zu sich nehmen. Die Kohlenhydrataufnahme sollte dabei pro Tag etwa zwischen 20 g und 50 g liegen. Kleinere Überschreitungen sind dann erlaubt, wenn es sich dabei um vollwertige Lebensmittel wie z. B. Quinoa oder Vollkornreis handelt.

kJ/kcal 780/190 • E 10,2 g • K 9,5 g • F 12,2 g

Tomatensalat
mit Feta, Kapern und Sardellenfilets

Zutaten

4 Schalotten
4 Zweige frischer Thymian
150 g Feta
6 EL Olivenöl
600 g Tomaten
40 g Sardellenfilets in Öl
20 g Kapern
frisch gemahlener Pfeffer

Außerdem

Küchenpapier
Gartenkresse zum Garnieren

Vorbereitungszeit: 20 Min.
Gesamtkochzeit: keine
Personen: 4
Schwierigkeitsgrad: einfach

Die Schalotten abziehen und in hauchdünne Ringe schneiden. Den Thymian waschen, trocken schütteln und die Blättchen von den Zweigen streifen. Den Feta würfeln und mit der Hälfte des Thymians und mit 3 EL Olivenöl vermengen. Die Tomaten waschen, die Stielansätze entfernen und in dünne Scheiben schneiden. Die Sardellenfilets auf Küchenpapier abtropfen lassen.

Die Tomatenscheiben als Blütenmuster auf Tellern anrichten. Den Feta in die Mitte der Tomaten verteilen. Die Tomaten mit den Sardellenfilets belegen und die Kapern und die Schalottenringe auf den Tomaten verteilen. Mit Pfeffer würzen und mit Gartenkresse garnieren.

Praxis-Tipp: Die Tomaten müssen nicht gesalzen werden; die Sardellen und die Kapern bringen genug Salz mit.

kJ/kcal 1150/280 • K 5,4 g • E 11,3 g • F 23,8 g

Caesar Salad
mit bunten Möhrenstreifen

Zutaten

3 Salatherzen (Römersalat)
1 Handvoll Mixsalat
3 Möhren (z. B. rote, gelbe und schwarze)
1 Eigelb
1 EL Senf
3 EL weißer Balsamicoessig
1 EL Kapern
4–5 Sardellenfilets in Öl
20 ml Olivenöl
20 ml Rapsöl
Salz
frisch gemahlener Pfeffer
1 Scheibe Vollkornbrot
1 EL Butter
40 g Walnusskerne

Außerdem

Salatschleuder
Standmixer
Alfalfasprossen zum Garnieren

Vorbereitungszeit: 20 Min.
Gesamtkochzeit: 5 Min.
Personen: 4
Schwierigkeitsgrad: einfach

Die Salatherzen putzen, in breite Streifen schneiden, in einem Sieb gründlich waschen und dann trocken schleudern. Den Mixsalat ebenfalls waschen und trocken schleudern. Die Möhren waschen und längs in sehr dünne Scheiben schneiden.

Das Eigelb mit dem Senf, dem Essig, den Kapern und den abgetropften Sardellen im Mixer pürieren. Beide Öle mischen, weitermixen und die Ölmischung in einem dünnen Strahl einlaufen lassen. Sollte das entstandene Dressing zu dickflüssig sein, einfach mit 1–2 EL kaltem Wasser verdünnen. Mit Salz und Pfeffer abschmecken.

Das Vollkornbrot würfeln und in einer Pfanne zusammen mit der Butter zu goldbraunen und knusprigen Croûtons braten. Die Walnüsse grob hacken. Den Salat und die Möhrenstreifen in tiefen Tellern anrichten und mit dem Dressing beträufeln. Die Walnüsse und die Croûtons darüber verteilen und mit Sprossen garnieren.

Praxis-Tipp: Nach Belieben noch etwas Parmesan über den Salat reiben.

kJ/kcal 1030/250 • K 8,8 g • E 6,8 g • F 21,3 g

Rote-Bete-Carpaccio
mit Meerrettichdressing und Kräutersalat

Zutaten

100 g feine Erbsen (TK)
3 TL Meerrettich (aus dem Glas)
4 EL weißer Balsamicoessig
40 ml Olivenöl
Salz
Pfeffer aus der Mühle
150 g Wildkräutersalat
500 g Rote Bete

Außerdem

Salatschleuder
Gemüseschneider oder Mandoline
Gartenkresse zum Garnieren
essbare Blüten zum Garnieren
(optional)

Vorbereitungszeit: 20 Min.
Gesamtkochzeit: keine
Personen: 4
Schwierigkeitsgrad: einfach

Die Erbsen in einem Sieb auftauen lassen. Danach mit Wasser abspülen und abtropfen lassen. Den Meerrettich mit dem Balsamico und 30 ml Olivenöl zu einem Dressing verschlagen. Mit Salz und Pfeffer abschmecken.

Den Salat waschen, putzen und trocken schleudern. Die Rote Bete schälen und auf einer Mandoline oder einem Gemüseschneider in sehr dünne Scheiben hobeln. Die Erbsen, ohne sie zu kochen, mit dem Kräutersalat und dem restlichen Olivenöl vermengen.

Die Rote Bete als Bett zusammen mit dem Salat und den Erbsen auf Tellern anrichten. Das Dressing über die Rote Bete träufeln; mit Gartenkresse und, nach Belieben, mit essbaren Blüten garnieren.

Praxis-Tipp: Ist kein Wildkräutersalat erhältlich, einfach „normalen" Mixsalat mit glatter Petersilie, Dill und z. B. Möhrengrün, kleinen Sellerieblättern, Blutampfer oder Mangoldsalat mischen. Auch feine, gelbe Wirsingstreifen oder sogar junge Brennnesselspitzen können hier verwertet werden.

kJ/kcal 710/170 • K 12,6 g • E 3,7 g • F 11,5 g

Pralinen mit Ziegenfrischkäse

Zutaten

400 g Ziegenfrischkäse
1 EL Flohsamenschalen
Salz
frisch gemahlener Pfeffer
40 g Walnusskerne
40 g Sesam
1 Handvoll Schnittlauch

Außerdem

Küchenpapier

Vorbereitungszeit: 20 Min.
Gesamtkochzeit: keine
Wartezeit: 30 Min.
Stück: 16
Schwierigkeitsgrad: einfach

Den Frischkäse mit einer Gabel durcharbeiten und dabei mit den Flohsamenschalen vermengen. Mit Salz und Pfeffer abschmecken und im Kühlschrank etwa 30 Minuten quellen lassen.

In der Zwischenzeit die Walnüsse hacken. Den Sesam in einer trockenen Pfanne goldbraun rösten und auf Zimmertemperatur abkühlen lassen. Den Schnittlauch waschen, mit Küchenpapier trocken tupfen und in feine Röllchen schneiden.

Aus der Ziegenkäsemasse zwischen den Handflächen kleine Bällchen rollen und je ein Drittel der Bällchen in den Nüssen, im Sesam und im Schnittlauch wälzen.

Praxis-Tipp: Falls die Käsemasse zu feucht zum Formen ist, noch etwa 1 EL Semmelbrösel einkneten und kurz quellen lassen. Wer keinen Ziegenfrischkäse mag, der kann ihn durch abgetropften Doppelrahm-Frischkäse ersetzen.

kJ/kcal 305/70 • K 3,1 g • E 2,6 g • F 5,0 g

Ceviche mit Seeteufel

Zutaten

500 g frisches Seeteufelfilet
Abrieb und Saft von 2 unbehandelten
Limetten
1 rote Möhre
1 schwarze Möhre
2 EL weißer Balsamicoessig
4 EL Olivenöl
1 Handvoll Mixsalat
2 Zweige Basilikum
grobes Meersalz
frisch gemahlener Pfeffer

Außerdem

Küchenpapier
Salatschleuder

Vorbereitungszeit: 20 Min.
Gesamtkochzeit: keine
Wartezeit: 60 Min.
Personen: 4
Schwierigkeitsgrad: einfach

Das Seeteufelfilet waschen und mit Küchenpapier trocken tupfen. Den Fisch parieren (von Sehnen befreien) und in sehr dünne Scheiben schneiden. Mit dem Limettensaft vorsichtig vermischen und zugedeckt im Kühlschrank etwa 1 Stunde marinieren lassen.

In der Zwischenzeit die Möhren waschen, trocken reiben und in feine Streifen schneiden. Mit dem Essig und dem Olivenöl marinieren und bis zum Servieren ziehen lassen. Den Salat waschen und trocken schleudern; das Basilikum waschen, trocken tupfen und die Blätter in Streifen schneiden.

Den Mixsalat in der Mitte der Teller anrichten und mit den Möhrenstreifen und dem Basilikum krönen. Den Fisch um den Salat herum auslegen und mit dem Limettenabrieb bestreuen. Mit grobem Meersalz und mit Pfeffer übermahlen.

Praxis-Tipp: Wer es scharf mag, gibt zum Marinieren des Fisches noch eine gehackte rote Chilischote dazu. Ist kein Seeteufel erhältlich, kann auch Red Snapper oder Wolfsbarsch verwendet werden.

kJ/kcal 850/200 • K 2,8 g • E 19,4 g • F 12,8 g

Bohnensalat
mit Spinat und Walnuss-Zitronen-Pesto

Zutaten

250 g Blatt- oder Babyspinat
400 g Keniabohnen
Salz
2 Handvoll Basilikum
40 g Walnusskerne
40 ml Olivenöl
frisch gemahlener Pfeffer
Abrieb und Saft
von 1 unbehandelten Zitrone
100 g schwarze Oliven

Außerdem

Salatschleuder
Eiswürfel
Sieb
Mörser
Olivenöl zum Servieren

Vorbereitungszeit: 20 Min.
Gesamtkochzeit: 8 Min.
Personen: 4
Schwierigkeitsgrad: einfach

Den Spinat putzen, waschen und trocken schleudern.
Die Bohnen putzen und in kochendem Salzwasser
6–8 Minuten blanchieren. Danach sofort in Eiswasser
abschrecken und in einem Sieb abtropfen lassen.

Das Basilikum waschen, trocken schütteln und klein
schneiden. Die Walnüsse hacken. Das Basilikum, die Walnüsse
und das Olivenöl in einem Mörser zu einem groben Pesto
verarbeiten. Den Zitronenabrieb untermischen, mit Salz,
Pfeffer und etwas Zitronensaft abschmecken.

Den Spinat, die Bohnen und die Oliven vermischen.
In Schalen anrichten, das Pesto darüber verteilen und Olivenöl
dazu reichen.

Praxis-Tipp: Den Spinat, die Bohnen und das Pesto nicht
vorher vermischen, da der Spinat dann durch die Zitronen-
säure nach einer Weile seinen „Biss" verliert.

kJ/kcal 1010/240 • K 7,9 g • E 5,9 g • F 20,3 g

Auberginentürmchen
mit Tomaten, Mozzarella und Pesto

Zutaten

Für das Pesto

2 Handvoll Basilikum
1 Knoblauchzehe
50 g Pinienkerne
30 g frisch geriebener Parmesan
60 ml Olivenöl
Salz

Für die Türmchen

12 Scheiben Aubergine à ca. 30 g
(etwa 2 Auberginen)
4 EL Olivenöl
Salz
frisch gemahlener Pfeffer
3 Tomaten
3 Kugeln Mozzarella à 125 g
ca. 50 g Pesto

Außerdem
Stabmixer
Backblech
Backpapier
Alfalfasprossen zum Garnieren
Basilikumblätter zum Garnieren

Vorbereitungszeit: 15 Min.
Gesamtkochzeit: 30 Min.
Personen: 4
Schwierigkeitsgrad: einfach

Das Basilikum waschen und trocken schütteln. Den Knoblauch abziehen und klein schneiden. Das Basilikum, den Knoblauch, die Pinienkerne und das Olivenöl mit einem Stabmixer zu einem Pesto pürieren; mit Salz abschmecken.

Die Auberginen waschen und 12 möglichst gleich große Scheiben herausschneiden. Mit dem Olivenöl betupfen und in einer trockenen Pfanne von beiden Seiten leicht gebräunt braten. Kein zusätzliches Öl mehr in die Pfanne geben, da die Scheiben sich sonst vollsaugen. Mit Salz und Pfeffer würzen.

Den Backofen auf 180 °C Umluft vorheizen. Die Tomaten waschen und in 8 gleich große Scheiben schneiden. Salzen und pfeffern. Den Mozzarella abtropfen lassen und trocken tupfen. In 8 Scheiben schneiden und, beginnend mit einer Scheibe Aubergine, auf einem Backblech mit Backpapier zusammen mit den Tomatenscheiben abwechselnd zu 4 Türmchen schichten. Im Backofen 15–20 Minuten erhitzen.

Die Türmchen vorsichtig auf Teller umsetzen, das Pesto um die Türmchen herum auf die Teller träufeln, mit Sprossen und Basilikumblättern garnieren.

Praxis-Tipp: Restliches Pesto in einem Glas mit Schraubverschluss fest verschließen, mit etwas Olivenöl bedecken und innerhalb von 5 Tagen für ein anderes Gericht verbrauchen.

kJ/kcal 1740/420 • K 6,2 g • E 22,2 g • F 34,5 g

Zucchini-Auberginenröllchen
mit Feta und Schinken

Zutaten

2 Zucchini
4 EL weißer Balsamicoessig
1–2 Auberginen
Olivenöl zum Bestreichen
Salz
frisch gemahlener Pfeffer
250 g Feta
120 g Serranoschinken
(dünn geschnitten)
3–4 Zweige frischer Thymian

Außerdem

Gemüseschneider oder Mandoline
Küchenpapier
Zahnstocher (optional)

Vorbereitungszeit: 15 Min.
Gesamtkochzeit: 10 Min.
Wartezeit: 20 Min.
Personen: 4
Schwierigkeitsgrad: mittel

Die Zucchini waschen, putzen und mit einem Gemüse-schneider oder einer Mandoline längs in dünne Scheiben ziehen. Mit dem Essig vermischen und ca. 20 Minuten mari-nieren lassen. In dieser Zeit die Auberginen waschen, putzen und längs in 5 mm dicke Scheiben schneiden. Mit Olivenöl bestreichen und in einer beschichteten Pfanne auf beiden Seiten leicht gebräunt anbraten. Salzen, pfeffern und auf Küchenpapier abtropfen und abkühlen lassen.

Den Feta in fingerdicke Stifte mit etwa 5 cm Länge schneiden. Mit Aubergine, Zucchini und Schinken umwickeln. Ggf. mit Zahnstochern feststecken. Den Thymian waschen, trocken schütteln, die Blätter von den Zweigen streifen und die Röll-chen damit bestreuen.

Praxis-Tipp: Breite Auberginenscheiben längs halbieren, damit sie in etwa die Breite der Zucchinistreifen haben.

kJ/kcal 1170/280 • K 4,9 g • E 17,1 g • F 19 g

Kohlrabi-Gurken-Snack

Zutaten

1 Kohlrabi (ca. 400 g)
Salz
300 g Salatgurke
100 g Joghurt
25 ml Olivenöl
frisch gemahlener Pfeffer

Außerdem

Gemüseschneider oder Mandoline
Eiswürfel
Küchenpapier
runder Ausstecher (8–10 cm ø)
Mandelmüsli (crunchy)
zum Garnieren

Vorbereitungszeit: 15 Min.
Gesamtkochzeit: 5 Min.
Personen: 4
Schwierigkeitsgrad: einfach

Den Kohlrabi schälen und auf einem Gemüseschneider oder einer Mandoline in dünne Scheiben schneiden. In wenig Salzwasser 3–4 Minuten blanchieren und dann sofort in Eiswasser abschrecken. Abtropfen lassen, mit Küchenpapier trocken tupfen und rund ausstechen.

Die Gurke schälen und ebenfalls in dünne Scheiben hobeln. Den Joghurt mit etwa Salz abschmecken.

Den Kohlrabi und die Gurke zu Türmchen stapeln und den Joghurt zwischen den Scheiben verteilen. Mit Pfeffer würzen, mit dem Olivenöl beträufeln und mit knusprigem Mandelmüsli garnieren.

Praxis-Tipp: Wer mag, kann die Türmchen noch mit ein paar hauchdünnen Apfelscheiben ergänzen.

kJ/kcal 182/44 • K 5,3 g • E 5,2 g • F 1,2 g

Hähnchenbruststreifen
mit Bockshornkleesauce und Pak Choi

Zutaten

600 g Hähnchenbrustfilets
3 cm große Ingwerknolle
4 Knoblauchzehen
2 Zwiebeln
2 EL Butterschmalz
Salz
Pfeffer aus der Mühle
1 TL Bockshornkleesamen
1 TL Kurkumapulver
1 TL Kreuzkümmelpulver
1 TL Kardamompulver
1 TL Korianderpulver
1 EL Tomatenmark
200 ml Hühnerbrühe
300 ml Kokosmilch
400 g Pak Choi
3 EL Olivenöl

Außerdem

Küchenpapier
Blitzhacker
frisches Koriandergrün
zum Garnieren

Vorbereitungszeit: 15 Min.
Gesamtkochzeit: 20 Min.
Personen: 4
Schwierigkeitsgrad: einfach

Die Hähnchenbrustfilets waschen, mit Küchenpapier trocken tupfen und in Streifen schneiden. Den Ingwer und den Knoblauch schälen und im Blitzhacker mit 1–2 EL Wasser pürieren. Die Zwiebeln abziehen und fein würfeln.

Das Butterschmalz in einer Pfanne erhitzen und die Hühnchenbruststreifen darin anbraten. Das Ingwerpüree und die Zwiebeln hinzufügen und unter Rühren glasig werden lassen. Die Gewürze darüber verteilen, das Tomatenmark einrühren und anschwitzen. Mit der Hühnerbrühe und der Kokosmilch ablöschen. Bei niedriger Temperatur sämig einkochen lassen, mit Salz und Pfeffer abschmecken.

In der Zwischenzeit den Pak Choi waschen, trocken schütteln und längs halbieren. Das Olivenöl in einer Pfanne erhitzen und den Pak Choi darin unter Schwenken kurz anbraten. Auf Tellern anrichten und den Pfanneninhalt darüber verteilen. Mit Koriandergrün garnieren.

Praxis-Tipp: Als vegane Variation mit Sojageschnetzeltem (nach Packungsanleitung vorher einweichen) herstellen und das Butterschmalz durch Pflanzenmargarine oder Kokosfett ersetzen.

kJ/kcal 2020/490 • K 8,3 g • E 37,5 g • F 33,5 g

Wurzelgemüse mit gegrilltem Halloumi

Zutaten

3 rote Zwiebeln
4 Möhren
3 Pastinaken
4 Rote-Bete-Knollen
3 Petersilienwurzeln
450 g Halloumi
3 Zweige Rosmarin
4 Knoblauchzehen
30 ml Olivenöl
Salz
frisch gemahlener Pfeffer

Außerdem

Auflaufform
Grillpfanne
gehackte, glatte Petersilie
zum Garnieren

Vorbereitungszeit: 20 Min.
Gesamtkochzeit: 45 Min.
Personen: 4
Schwierigkeitsgrad: einfach

Die roten Zwiebeln abziehen und in Spalten schneiden. Die Möhren, die Pastinaken, die Rote Bete und die Petersilienwurzeln unter fließendem Wasser abbürsten. Alles Wurzelgemüse längs halbieren, längs in Spalten schneiden und quer in ca. 8 cm lange Stücke zerschneiden. Den Halloumi in Scheiben zerteilen. Den Rosmarin waschen, den Knoblauch abziehen.

Den Backofen auf 180 °C Umluft vorheizen. Die Hälfte des Olivenöls in einer Pfanne erhitzen und die Rote Bete darin unter gelegentlichem Wenden ca. 10 Minuten braten. In den letzten 5 Minuten die Zwiebeln hinzufügen.

Alles Gemüse, den Knoblauch und den Rosmarin in einer Auflaufform verteilen. Mit dem restlichen Olivenöl beträufeln und mit Salz und Pfeffer würzen. Im Ofen ca. 25 Minuten garen. In der Zwischenzeit den Halloumi in einer heißen Grillpfanne von beiden Seiten braten, bis er Grillstreifen bekommen hat. Salzen und pfeffern.

Den Halloumi in der Form auf dem Gemüse verteilen, mit gehackter, glatter Petersilie bestreuen und direkt aus der Form servieren.

Praxis-Tipp: Wer keinen Halloumi mag, ersetzt ihn z. B. durch Feta. Diesen dann zerbröckeln und in den letzten 10 Minuten über dem Gemüse verteilen.

kJ/kcal 2310/550 • K 23,9 g • E 29,4 g • F 36,3 g

Saltimbocca aus Schweinefilet
mit Aubergine und Zucchini-Flan

Zutaten

Für den Zucchini-Flan

450 g Zucchini (ca. 3 Stück)
50 g Sahne
50 g frisch geriebener Parmesan
Salz
frisch gemahlener Pfeffer
5 Eigelbe
Butter für die Förmchen

Für Saltimbocca und Aubergine

1 Schweinefilet (ca. 500 g)
8 Salbeiblätter
4 Scheiben Parmaschinken
frisch gemahlener Pfeffer
2 Auberginen
5 EL Olivenöl
100 ml trockener Weißwein

Außerdem

Dämpfeinsatz
Blitzhacker oder Mixer
4 Soufflé-Förmchen (ca. 8 cm ø)
Fettpfanne oder Auflaufform
Fleischklopfer
Zahnstocher
Grillpfanne
Salbei zum Garnieren
rosa Pfeffer zum Garnieren

Vorbereitungszeit: 25 Min.
Gesamtkochzeit: 60 Min.
Personen: 4
Schwierigkeitsgrad: mittel

Den Backofen auf 160 °C Umluft vorheizen. Die Zucchini waschen, putzen und in dicke Scheiben schneiden. Im Dämpfeinsatz eines Kochtopfes etwa 10 Minuten garen. Im Mixer zusammen mit der Sahne pürieren. Den Parmesan einrühren und in einem Topf bei mäßiger Hitze unter Rühren kurz erwärmen, bis sich der Käse aufgelöst hat. Etwas abkühlen lassen, salzen, pfeffern und die Eigelbe einrühren. 4 Soufflé-Förmchen buttern und die Zucchinimasse einfüllen. Ein 80 °C heißes Wasserbad in einer Fettpfanne vorbereiten, die Förmchen einsetzen und im Ofen etwa 40 Minuten garen.

In der Zwischenzeit das Schweinefilet waschen, trocken tupfen, von Sehnen befreien, schräg in 4 dicke Streifen schneiden und die Streifen flach klopfen. Die Salbeiblätter waschen und trocken tupfen. Den Schinken nebeneinander auslegen, den Salbei darauf verteilen und die Fleischscheiben auflegen. Mit Pfeffer würzen und über die Mitte einklappen. Mit Zahnstochern feststecken. Die Auberginen waschen, putzen und in Scheiben schneiden. Mit dem Olivenöl bestreichen und in einer Grillpfanne braten, bis sie Grillstreifen bekommen haben.

In den letzten 10 Minuten der Garzeit der Zucchini-Flans in den Ofen schieben. Die Saltimbocca in der Grillpfanne von beiden Seiten je 2–3 Minuten braten. Die Flans aus dem Wasserbad heben, abtropfen lassen und vorsichtig auf Teller stürzen. Die Auberginenscheiben und das Fleisch neben den Flans anrichten. Die Grillpfanne mit dem Weißwein ablöschen, kurz aufkochen lassen und das Fleisch damit beträufeln. Mit Salbei und Pfeffer garnieren.

kJ/kcal 2190/530 • K 7,9 g • E 42,3 g • F 33,3 g

Lammragout
mit Blumenkohl-Avocadopüree

Zutaten

1 kg Lammfleisch ohne Knochen
(z. B. Lammschulter)
1 Gemüsezwiebel
4 Knoblauchzehen
3 EL Rapsöl
Salz
frisch gemahlener Pfeffer
2 TL edelsüßes Paprikapulver
1 TL Kreuzkümmelpulver
1 TL Ras el Hanout
(marokkanische Gewürzmischung)
2 Msp. Cayennepfeffer
1 EL Tomatenmark
500 ml Fleischbrühe
400 g Blumenkohlröschen
(ca. 1 kleiner Blumenkohl)
Saft von 1/2 Zitrone
2 Avocados

Außerdem

Küchenpapier
Stabmixer
Chilifäden zum Garnieren
Koriandergrün zum Garnieren

Vorbereitungszeit: 20 Min.
Gesamtkochzeit: 90 Min.
Personen: 4
Schwierigkeitsgrad: einfach

Das Lammfleisch waschen, mit Küchenpapier trocken tupfen, parieren (von Sehnen befreien) und in Würfel schneiden. Die Zwiebel und den Knoblauch abziehen; die Zwiebel grob würfeln und den Knoblauch hacken.

Das Rapsöl in einem Topf erhitzen und das Fleisch darin gut gebräunt anbraten. Mit Salz und Pfeffer kräftig würzen. Die Zwiebeln und den Knoblauch hinzufügen und unter Rühren glasig werden lassen. Alle Gewürze und das Tomatenmark einrühren. Mit der Brühe ablösen, zum Kochen bringen und bei niedriger Temperatur 90 Minuten garen, bis das Fleisch zart ist. Dabei verkochte Flüssigkeit ggf. mit Wasser auffüllen und die Sauce gegen Ende der Garzeit sämig einkochen lassen.

Kurz vor Ende der Garzeit des Fleisches den Blumenkohl waschen und in kochendem Salzwasser zusammen mit 2 EL Zitronensaft 10 Minuten garen. Abgießen und abtropfen lassen. Die Avocados halbieren, entkernen und das Fruchtfleisch aus den Schalen heben. Zusammen mit dem restlichen Zitronensaft und dem Blumenkohl mit einem Stabmixer pürieren.

Das Lammragout abschmecken. Das Blumenkohl-Avocadopüree in einem Topf kurz warmrühren und ebenfalls abschmecken. Das Ragout und das Püree auf Tellern anrichten, mit Chilifäden und mit Koriandergrün garnieren.

kJ/kcal 4730/1140 • K 11,2 g • E 49,2 g • F 99,4 g

Wachteln im Speckmantel
mit Topinamburtalern und Bohnen

Zutaten

8 Wachteln
20 g flüssige Butter
Salz
frisch gemahlener Pfeffer
8 Scheiben Bacon
350 g Topinambur
400 g Keniabohnen
2 EL Butter
50 g Sahne
frisch geriebener Muskat

Außerdem

Küchenpapier
Küchengarn
Auflaufform
Eiswürfel
frischer Rosmarin zum Garnieren

Vorbereitungszeit: 20 Min.
Gesamtkochzeit: 35 Min.
Personen: 4
Schwierigkeitsgrad: einfach

Den Backofen auf 200 °C Umluft vorheizen. Die Wachteln waschen und mit Küchenpapier trocken tupfen. Mit Küchengarn in Form binden. Mit der flüssigen Butter bestreichen, salzen, pfeffern und in einer Auflaufform verteilen. Je eine Scheibe Bacon um jede Wachtel legen.

Die Topinambur schälen und in etwa 1,5 cm dicke Scheiben schneiden. In kochendem Salzwasser 8-10 Minuten blanchieren, dann in Eiswasser abschrecken. Die Bohnen putzen und 6-8 Minuten garen. Ebenfalls in Eiswasser abschrecken. Beide Gemüse abtropfen lassen.

Die Wachteln für 15-20 Minuten in den Backofen schieben. In dieser Zeit 1 EL Butter in einem Topf und 1 EL Butter in einer Pfanne schmelzen. Die Topinamburtaler im Topf erhitzen, die Sahne hinzufügen und um die Hälfte einkochen lassen. Mit Salz und Muskat abschmecken. Die Bohnen in der Pfanne schwenken und auf diese Art erhitzen. Mit Salz und Pfeffer würzen.

Die Wachteln und das Gemüse in flachen Schalen oder auf Tellern anrichten, mit Rosmarin garnieren und servieren.

Praxis-Tipp: Ist kein Topinambur erhältlich, kann auch Kohlrabi verwendet werden.

kJ/kcal 1960/470 • K 9 g • E 40,5 g • F 27,8 g

Lachsfilet mit Orange, Dill und Blattspinat

Zutaten

4 Lachsfilets à ca. 160 g (ohne Haut)
500 g Blattspinat
3 Orangen
1 Handvoll Dill
1 TL Butter
Salz
frisch geriebener Muskat
20 g flüssige Butter
1 TL Kreuzkümmelsamen

Außerdem

Küchenpapier
Sieb
Auflaufform
Thymian zum Garnieren

Vorbereitungszeit: 15 Min.
Gesamtkochzeit: 15 Min.
Personen: 4
Schwierigkeitsgrad: einfach

Die Lachsfilets waschen und mit Küchenpapier trocken tupfen. Auf Gräten untersuchen. Den Spinat putzen, waschen und in einem Sieb abtropfen lassen. Die Orangen mit einem Messer bis auf das Fruchtfleisch schälen und in dünne Scheiben schneiden. Ggf. entkernen. Den Dill waschen, trocken schütteln und grob hacken.

Den Backofen auf 210 °C Umluft vorheizen. Die Butter in einem Topf erhitzen und den Spinat darin nach und nach unter Rühren zusammenfallen lassen. Mit Salz und Muskat würzen, überschüssige Flüssigkeit ausdrücken und abtropfen lassen. Den Spinat als 4 Portionen in einer Auflaufform verteilen. Jeweils ein Lachsfilet auf jede Spinatportion betten, mit der flüssigen Butter bestreichen und mit Salz und Pfeffer würzen. Die Orangenscheiben auf dem Lachs verteilen, mit dem Kreuzkümmel bestreuen und im Ofen ca. 15 Minuten garen.

Den Lachs zusammen mit den Spinatportionen auf Teller setzen und den Dill auf den Orangenscheiben verstreuen. Mit Thymian garnieren und sofort servieren.

Praxis-Tipp: Wer es ein wenig pikanter mag, bestreicht den Lachs noch dünn mit körnigem Dijonsenf, bevor die Orangenscheiben aufgelegt werden.

kJ/kcal 1810/430 • K 9,9 g • E 35,8 g • F 27,5 g

Cheeseburger mit Quarkbrötchen

Zutaten

Für die Brötchen (8 Stück):

30 g flüssige Butter
250 g Quark (20 %)
1 Ei (Größe L)
1 TL Salz
150 g Roggen-Vollkornmehl
150 g Sojamehl
1 TL Natron
3 TL Backpulver
2–3 EL Milch
1 Eigelb
1 EL Sesam

Für die Cheeseburger:

1 Salatherz (Römersalat)
2 Tomaten
1 rote Zwiebel
450 g Rinderhackfleisch
Salz
frisch gemahlener Pfeffer
4 Scheiben Emmentaler

Außerdem

elektrisches Handrührgerät
mit Knethaken
Backblech
Backpapier
Grillpfanne

Vorbereitungszeit: 25 Min.
Gesamtkochzeit: 35 Min.
Wartezeit: 30 Min.
Personen: 4
Schwierigkeitsgrad: einfach

Für die Brötchen die Butter mit dem Quark und dem Ei verrühren. Das Salz mit dem Mehl, dem Natron und dem Backpulver vermischen und, nach und nach, mit den Knethaken eines Handrührgerätes in die Quarkmischung rühren. Die Milch hinzufügen, mit den Händen zu einem glatten Teig verkneten und zugedeckt 30 Minuten ruhen lassen.

Den Backofen auf 180 °C Umluft vorheizen. Den Teig nochmals durchkneten, in 8 gleich große Portionen aufteilen, zu Kugeln rollen und auf einem Backblech mit Backpapier flach drücken. Mit dem Eigelb bestreichen, mit dem Sesam bestreuen und im Ofen 25–30 Minuten goldbraun backen.

In der Zwischenzeit das Salatherz zerpflücken, waschen und die Blätter trocken schütteln. Die Tomaten waschen und in Scheiben schneiden; die Zwiebel abziehen und in Ringe aufschneiden.

Aus dem Hackfleisch 4 flache Frikadellen formen und in einer Grillpfanne von beiden Seiten je 4-5 Minuten braten. Nach dem Wenden salzen, pfeffern und mit dem Käse belegen. 4 der Brötchen waagerecht halbieren und mit dem Salat, den Frikadellen, den Tomaten und dem Käse zu Cheeseburgern zusammensetzen.

Praxis-Tipp: Zu den Cheeseburgern einen zuckerfreien Ketchup oder einfach Crème fraîche servieren. Restliche Brötchen z. B. einfrieren.

kJ/kcal 1720/410 • K 15 g • E 34,2 g • F 24,4 g

Dorade mit Fenchel
und Petersilien-Kapern-Pesto

Zutaten

4 küchenfertige Doraden à ca. 400 g
4–5 Knoblauchzehen
Salz
frisch gemahlener Pfeffer
2 Handvoll glatte Petersilie
50 g Pinienkerne
100 ml Olivenöl
20 g Kapern
2 EL Zitronensaft
400 g Mini-Fenchel
(ersatzweise 2–3 Fenchelknollen)
Öl für das Blech

Außerdem

Küchenpapier
Pürierstab
Kapern zum Bestreuen
glatte Petersilie zum Garnieren

Vorbereitungszeit: 25 Min.
Gesamtkochzeit: 15 Min.
Personen: 4
Schwierigkeitsgrad: einfach

Die Doraden waschen, dabei ggf. noch restliche Schuppen entfernen und die Fische mit Küchenpapier trocken tupfen. Den Knoblauch abziehen und in Spalten schneiden. Die Doradenhaut auf jeder Seite 2–3 Mal schräg einschneiden und die Knoblauchspalten in die Einschnitte stecken. Die Fische innen und außen salzen und pfeffern.

Den Backofen auf 210 °C Umluft vorheizen. Die Petersilie waschen, trocken schütteln und grob hacken. Zusammen mit den Pinienkernen, 80 ml Olivenöl und den Kapern zu einem Pesto pürieren. Mit Salz, Pfeffer und dem Zitronensaft abschmecken. Den Fenchel putzen und waschen (Fenchelknollen noch in Streifen schneiden).

Ein Backblech ölen. Das restliche Olivenöl in einer Pfanne erhitzen, die Fische darin nacheinander von beiden Seiten kurz anbraten und auf dem Blech verteilen. Den Fenchel ebenfalls anbraten, salzen, pfeffern und auch auf dem Backblech verteilen. Im Backofen etwa 15 Minuten garen. Die Fische, den Fenchel und das Pesto zusammen anrichten, mit Kapern bestreuen und mit glatter Petersilie garnieren.

Praxis-Tipp: An heißen Tagen die Doraden auf einem Grill garen und dazu einen Fenchelsalat reichen. Dafür Fenchelknollen in hauchdünne Streifen schneiden und ca. 1 Stunde mit weißem Balsamicoessig und Olivenöl marinieren.

kJ/kcal 3100/740 • K 7,4 g • E 82,9 g • F 42,7 g

Steckrübenschnitzel
mit Zwiebel-Birnen-Chutney

Zutaten

Für das Chutney

5–6 rote Zwiebeln
1 kleine, rote Chilischote
1 EL Butter
5–6 Gewürznelken
1/2 TL Zimt
1 EL Agavendicksaft
ca. 150 ml trockener Weißwein
3–4 feste Birnen (ca. 450 g)
Salz
2 EL Weißweinessig

Für die Steckrübenschnitzel

1 Steckrübe (ca. 1,4 kg)
Salz
100 g gemahlene, geschälte Mandeln
3–4 EL Semmelbrösel
2 Eier
frisch gemahlener Pfeffer
Mehl zum Wenden
Butter zum Braten

Außerdem

runder Ausstecher, 8 cm ø (optional)
Gartenkresse zum Garnieren

Vorbereitungszeit: 30 Min.
Gesamtkochzeit: 40 Min.
Personen: 4
Schwierigkeitsgrad: einfach

Für das Chutney die roten Zwiebeln abziehen und in Streifen schneiden. Die Chilischote waschen, putzen und hacken. Wer es nicht so scharf mag, entfernt die Kerne.

Die Butter in einem Topf erhitzen und die Zwiebeln darin unter Rühren glasig werden lassen. Die Chili, die Nelken, Zimt, Agavendicksaft und den Weißwein hinzufügen. Unter gelegentlichem Rühren zugedeckt bei niedriger Temperatur etwa 10 Minuten köcheln lassen. Bei Bedarf noch etwas Wein hinzufügen. Danach ohne Deckel zu einer sämigen Konsistenz einkochen lassen. Mit Salz und dem Essig abschmecken.

Die Steckrübe schälen und in Scheiben schneiden. Nach Belieben noch Kreise ausstechen. In kochendem Salzwasser 10–15 Minuten garen, bis sich die Rübenscheiben gut einstechen lassen. Die Mandeln mit den Semmelbröseln vermengen. Die Eier verquirlen, mit Salz und Pfeffer würzen. Die Rübenschnitzel einzeln nacheinander im Mehl wenden, durch die Eier ziehen und in der Mandelmischung panieren. Die Butter in einer beschichteten Pfanne erhitzen und die Schnitzel darin von beiden Seiten leicht gebräunt braten. Die Schnitzel und das noch warme Chutney auf Tellern anrichten, mit Pfeffer übermahlen und mit Kresse garnieren.

Praxis-Tipp: Statt Steckrüben können auch andere, feste Gemüsesorten wie zum Beispiel Sellerie oder Kohlrabi benutzt werden.

kJ/kcal 1530/370 • K 25,6 g • E 14,6 g • F 20,1 g

Flammkuchen
mit Ziegencreme und Aprikosen

Zutaten

1 Würfel frische Hefe (42 g)
2 EL Olivenöl
Salz
1 TL Zucker
50 g Weizenkleber (Gluten)
170 g Sojamehl
Sojamehl zum Arbeiten
200 g Ziegencreme
350 g Zucchini
2 Aprikosen
frisch gemahlener Pfeffer
2 Zweige Rosmarin
Olivenöl zum Beträufeln

Außerdem

Backblech
Backpapier
Gemüseschneider oder Mandoline

Vorbereitungszeit: 20 Min.
Gesamtkochzeit: 20 Min.
Wartezeit: 1 Stunde
Stücke: 4
Schwierigkeitsgrad: einfach

Die Hefe zerbröckeln und mit ca. 100 ml Wasser, dem Olivenöl, 1 TL Salz und dem Zucker verrühren. Mit dem Weizenkleber und dem Sojamehl zu einem geschmeidigen Teig verkneten. Gegebenenfalls noch etwas Wasser oder Sojamehl hinzufügen. Zugedeckt an einem warmen Ort 1 Stunde aufgehen lassen.

Den Backofen auf 180 °C Ober- und Unterhitze vorheizen. Ein Backblech mit Backpapier auslegen. Den Teig auf einer bemehlten Fläche rechteckig 3 mm dünn ausrollen und auf das Backblech legen. Mit der Ziegencreme bestreichen. Die Zucchini waschen und längs in dünne Scheiben hobeln. Die Aprikosen waschen und fein würfeln. Die Aprikosenwürfel und die Zucchinischeiben auf dem Ziegenkäse verteilen. Salzen und pfeffern.

Den Rosmarin waschen, trocken schütteln und die Blätter von den Zweigen streifen. Über den Zucchini verstreuen und den Flammkuchen mit Olivenöl beträufeln. Im Ofen 20 Minuten backen, bis die Ränder schön gebräunt sind.

Praxis-Tipp: Wer keinen Ziegenkäse mag, ersetzt ihn einfach durch cremigen Frischkäse.

kJ/kcal 1740/410 • K 10,2 g • E 34,2 g • F 25,4 g

Maishähnchenbrust
mit vietnamesischer Currysauce

Zutaten

4 Maishähnchenbrüste à ca. 160 g
(mit Haut)
1 Zwiebel
3 Knoblauchzehen
1 kleine, rote Chilischote
150 g grüner Thai-Spargel
200 g Keniabohnen
200 g Zuckerschoten
1 kleine Möhre
3 EL Sojaöl
Salz
frisch gemahlener Pfeffer
1 TL Kurkumapulver
1 TL Kreuzkümmelpulver
1 TL Korianderpulver
100 ml kräftige Hühnerbrühe
300 ml Kokosmilch
1–2 EL asiatische Fischsauce
1 EL schwarzer Sesam

Außerdem

Küchenpapier
Zestenreißer
Sprossen oder Keimlinge
zum Garnieren
Koriandergrün zum Garnieren

Die Hähnchenbrüste waschen und mit Küchenpapier trocken tupfen. Die Zwiebel und den Knoblauch abziehen und fein würfeln. Die Chilischote waschen, putzen und hacken. Den Spargel, die Bohnen und die Zuckerschoten putzen und waschen. Die Möhre schälen und mit einem Zestenreißer in feine Streifen ziehen.

Den Backofen auf 210 °C Umluft vorheizen. Das Sojaöl in einer Pfanne erhitzen und die Maishähnchenbrüste darin von beiden Seiten anbraten. Die Brüste mit der Hautseite nach oben 15–20 Minuten im Ofen garen.

In der Zwischenzeit die Zwiebel, den Knoblauch und die Chilischote in der Hähnchenpfanne glasig werden lassen. Die Gewürze darüber streuen und anrösten. Mit der Hühnerbrühe und der Kokosmilch ablöschen und bei niedriger Temperatur etwa auf die Hälfte einkochen. Mit der Fischsauce abschmecken. Die Bohnen ca. 5 Minuten in kochendem Salzwasser garen. Den Spargel und die Zuckerschoten hinzufügen und weitere 3 Minuten zusammen kochen lassen.

Das abgetropfte Gemüse als Bett in Schalen anrichten. Die Hähnchenbrüste in Tranchen schneiden und auf dem Gemüse verteilen. Mit den Möhrenstreifen, mit Sprossen und mit Koriandergrün garnieren, mit dem Sesam bestreuen und sofort servieren.

Vorbereitungszeit: 15 Min.
Gesamtkochzeit: 20 Min.
Personen: 4
Schwierigkeitsgrad: einfach

Praxis-Tipp: Wer noch eine Sättigungsbeilage braucht, kann Reis dazu servieren. Es sollte aber unbedingt ein Vollkorn- oder ein Naturreis sein.

kJ/kcal 660/160 • K 13 g • E 14 g • F 5,5 g

Schweinefilet mit Erdnuss-Chilisauce

Zutaten

800 g Schweinefilet
2 kleine, rote Chilischoten
1 TL Butterschmalz
Salz
frisch gemahlener Pfeffer
100 ml Hühnerbrühe
100 ml Kokosmilch
3 EL Erdnusscreme (crunchy)
1 EL dunkle Sojasauce
1–2 TL Limettensaft
2 EL Sesam
2 EL getrocknete Zwiebeln

Außerdem

Küchenpapier

Vorbereitungszeit: 15 Min.
Gesamtkochzeit: 10 Min.
Personen: 4
Schwierigkeitsgrad: einfach

Das Fleisch waschen, mit Küchenpapier trocken tupfen, ggf. Sehnen entfernen und das Filet in grobe Würfel schneiden. Die Chilischoten waschen, putzen und in Ringe schneiden. Das Butterschmalz in einer Pfanne erhitzen und die Fleischwürfel darin kurz und scharf anbraten. Aus der Pfanne nehmen und beiseitelegen.

Die Chilis in der Fleischpfanne unter Rühren anbraten und mit der Hühnerbrühe und der Kokosmilch ablöschen. Die Erdnusscreme darin unter Rühren auflösen und die Sauce auf etwa die Hälfte einkochen lassen. Mit der Sojasauce und dem Limettensaft abschmecken.

Den Sesam in einer trockenen Pfanne leicht gebräunt rösten. Das Fleisch (mit ggf. ausgetretenem Saft) in die Pfanne geben und 1-2 Minuten darin unter Schwenken erhitzen. In Schälchen anrichten und mit dem Sesam und den getrockneten Zwiebeln bestreuen.

Praxis-Tipp: Falls sich Fett aus der Sauce absetzt, einfach mit ein wenig Wasser wieder glatt rühren und nicht mehr ganz so stark einkochen lassen. Restliche Chilischoten aus einer Packung lassen sich prima für andere Gerichte einfrieren.

kJ/kcal 1530/360 • K 8 g • E 48,8 g • F 14,8 g

Weißes Bohnenpüree
mit Radicchio und Bacon

Zutaten

200 g Bacon (in Streifen)
1 Kopf Radicchio
1 Knoblauchzehe
2 Dosen weiße Bohnen
(„Cannellini", à 425 ml)
7 EL Olivenöl
100 g Sahne
Salz
frisch gemahlener Pfeffer
4 EL Balsamicoessig

Außerdem

Backofengitter
Backblech
Backpapier
Küchenpapier
Sieb
Mixer
rote Daikonkresse zum Garnieren

Vorbereitungszeit: 20 Min.
Gesamtkochzeit: 20 Min.
Personen: 4
Schwierigkeitsgrad: einfach

Den Backofen auf 180 °C Umluft vorheizen. Den Bacon auf einem Backofengitter auslegen. Ein Backblech mit Backpapier unter das Gitter schieben, damit der Backofen durch das abtropfende Fett nicht verschmutzt wird. Den Bacon im Backofen 10–15 Minuten kross backen. Auf Küchenpapier abtropfen lassen.

In der Zwischenzeit den Radicchio putzen, in dünne Streifen schneiden und in einem Sieb waschen. Gut abtropfen lassen. Den Knoblauch abziehen und hacken. Den Inhalt der Bohnendosen in einem Sieb abgießen. 2 EL Olivenöl in einem Topf erhitzen und den Knoblauch darin glasig anschwitzen. Die Bohnen und die Sahne hinzufügen und kurz aufkochen lassen. Im Mixer fein pürieren, mit Salz und Pfeffer abschmecken.

2 EL Olivenöl in einer Pfanne erhitzen, den Essig dazugeben und die Salatstreifen darin kurz schwenken. Als Bett auf Tellern anrichten und dabei in der Mitte ein wenig Platz für das Bohnenpüree lassen. Das Bohnenpüree zwischen den Salatstreifen verteilen, den Bacon klein brechen oder grob hacken und auf dem Salat verstreuen. Das restliche Olivenöl über das Püree träufeln und mit Daikonkresse garnieren.

kJ/kcal 2240/540 • K 18,6 g • E 16,9 g • F 43,7 g

Flammkuchen mit Blumenkohlboden

Zutaten

500 g Blumenkohl
100 g frisch geriebener Parmesan
200 g geriebener Pizzakäse
2 EL Flohsamenschalen
5 Eier
Salz
frisch gemahlener Pfeffer
1 TL gerebelter Oregano
150 g Speckwürfel
2 rote Zwiebeln
350 g Crème fraîche

Außerdem

Küchenpapier
Küchenreibe
Backblech
Backpapier

Vorbereitungszeit: 15 Min.
Gesamtkochzeit: 35 Min.
Wartezeit: 20 Min.
Stücke: 6
Schwierigkeitsgrad: einfach

Den Blumenkohl waschen, gründlich trocken tupfen und auf einer Küchenreibe fein raspeln. Mit beiden Käsesorten und den Flohsamenschalen vermengen und ca. 15 Minuten quellen lassen. Den Backofen auf 160 °C Umluft vorheizen.

Die Eier verquirlen, salzen, pfeffern und zusammen mit dem Oregano in die Blumenkohlmasse rühren. Den entstandenen Teig auf einem Backblech mit Backpapier verstreichen, flach drücken und im Ofen 30–35 Minuten goldbraun backen.

In der Zwischenzeit den Speck in einer Pfanne rösten. Die Zwiebeln schälen und in dünne Ringe schneiden. Die Crème fraîche auf dem Blumenkohlboden verstreichen, den Speck und die Zwiebelringe darauf verteilen. Mit Pfeffer würzen und direkt servieren.

Praxis-Tipp: Den Flammkuchen direkt nach Entnahme aus dem Ofen mit einem Pfannenwender vom Backpapier heben, bevor der Teig abkühlt.

kJ/kcal 2160/520 • K 6,3 g • E 29,5 g • F 41,4 g

Desserts & Kuchen

Käsekuchen
ohne Zucker mit Kirschen und Schokolade

Zutaten

Für den Käsekuchen

Butter für die Form
100 g weiche Butter
100 g Erythrit-Pulver
(z. B. Puder-Xucker)
Mark von 1 Vanilleschote
2 Eier
400 g Quark
200 g Doppelrahm-Frischkäse
Abrieb und Saft von
1 unbehandelten Zitrone
30 g Speisestärke
1 TL Backpulver

Für das Topping

300 g TK-Kirschen
(oder frisch entsteint)
100 g zuckerfreie Zartbitterschokolade (z. B. Xukkolade)
2 EL Sahne

Außerdem

Springform, 20 cm ø

Vorbereitungszeit: 20 Min.
Gesamtbackzeit: 55 Min.
Personen: 6
Schwierigkeitsgrad: einfach

Den Backofen auf 160 °C Umluft vorheizen. Die Form buttern. Die Butter schaumig schlagen, das Erythrit und die Vanille hinzufügen. Die Eier nach und nach einrühren. Den Quark gut abtropfen lassen (falls nötig, in einem Tuch ausdrücken) und zusammen mit dem Frischkäse, dem Zitronenabrieb, dem Zitronensaft, der Stärke und dem Backpulver in die Buttermasse rühren.

Den Quarkteig in die Form füllen und im Ofen etwa 55 Minuten backen. Gegen Ende der Backzeit eine Garprobe mit einem Holzstäbchen machen. Der Kuchen ist durchgebacken, wenn das Stäbchen nach Einstechen in den Kuchen wieder herauskommt, ohne dass Reste daran kleben. Den Käsekuchen abkühlen lassen, den Rand der Form vorsichtig lösen und abheben. Den Kuchen im Kühlschrank vollständig erkalten lassen.

Für das Topping die Kirschen auftauen lassen. Die Schokolade über einem heißen Wasserbad schmelzen und für einen schönen Glanz noch die Sahne einrühren. Die Kirschen auf dem Käsekuchen verteilen und mit der flüssigen Schokolade beträufeln. Abkühlen lassen und genießen.

Praxis-Tipp: Wenn Käsekuchen nach dem Backen zusammenfällt, hat er zu viel Hitze bekommen. Hilfreich ist es, den Kuchen nach etwa der Hälfte der Backzeit aus dem Ofen zu nehmen, den Rand der Form mit einem angefeuchteten Messer vom Kuchen zu lösen und dann den Kuchen etwas abkühlen zu lassen. Danach wie gewohnt für den Rest der Garzeit weiterbacken. Auch hier eine Garprobe machen.

kJ/kcal 1920/460 • K 7,8 g • E 18,1 g • F 33,7 g

Avocadoeiscreme

Zutaten

200 g Avocado-Fruchtfleisch
(ca. 2 Avocados Sorte „Hass")
Abrieb und Saft
von 1 unbehandelten Limette
Saft von 1/2 Zitrone
150 g Milch (1,5 %)
150 g Sahne
100 g Xylit-Zucker

Außerdem

Stabmixer
Eismaschine

Vorbereitungszeit: 10 Min.
Gesamtkochzeit: keine
Gefrierzeit: 35 Min.
Kugeln: 8
Schwierigkeitsgrad: einfach

Die Avocados halbieren, entkernen und das Fruchtfleisch mit einem Löffel aus den Schalen heben. Zusammen mit dem Limetten- und dem Zitronensaft mit einem Stabmixer im dazugehörigen Messbecher pürieren.

Die Milch mit der Sahne und dem Xylit-Zucker verrühren, bis sich der Zucker aufgelöst hat. Ggf. dafür leicht erwärmen. Das Avocadopüree und den Limettenabrieb hinzufügen und verrühren. Im Kühlschrank auf ca. 4 °C herunterkühlen, danach in einer Eismaschine nach Herstellerangaben zu Eiscreme gefrieren lassen. Das dauert bei einer selbstkühlenden Eismaschine etwa 35 Minuten.

Praxis-Tipp: Eiscreme aus der Eismaschine hat die Konsistenz von Softeis. Wer Kugeln ausstechen möchte, stellt das Eis noch 30 Minuten in den Tiefkühler. Selbst gemachte Eiscreme wird bei längerer Lagerung hart; daher möglichst frisch genießen und keine großen Mengen auf einmal herstellen.

kJ/kcal 970/513 • K 1,7 g • E 1,5 g • F 12,2 g

Blaubeerwaffeln

Zutaten

3 EL Kokosfett
50 g zuckerfreie Zartbitterschokolade
100 g Blaubeeren
3 Eier (Größe L), Zimmertemperatur
100 ml Kokosmilch
3 EL Xylit-Zucker
3–4 Tropfen Vanillearoma
(oder Extrakt)
100 g Macadamianusskerne
3 EL Kokosmehl
1/2 TL Natron
1 TL Backpulver
2 Prisen Salz
flüssige Butter für das Waffeleisen

Außerdem

Standmixer
Waffeleisen für belgische Waffeln
Blaubeeren zum Verzieren

Vorbereitungszeit: 10 Min.
Gesamtkochzeit: 20 Min.
Stück: 6
Schwierigkeitsgrad: einfach

Das Kokosfett in einem Topf kurz erwärmen, bis es flüssig wird. Die Schokolade hacken. Die Blaubeeren waschen. Alle Zutaten, bis auf die Blaubeeren, in einem Standmixer zuerst bei niedriger Stufe, dann bei höchster Stufe jeweils 30 Sekunden zu einem glatten Teig pürieren.

Das Waffeleisen vorheizen und mit flüssiger Butter bepinseln. Die Vertiefungen des Waffeleisens mit Teig befüllen und einige Blaubeeren darauf verteilen. Das Waffeleisen schließen und backen lassen, bis kein Dampf mehr aufsteigt und die Waffeln sich leicht vom Eisen lösen.

Wiederholen, bis der Teig und die Blaubeeren verbraucht sind. Die Waffeln auf einem Teller stapeln und mit Blaubeeren verzieren.

Praxis-Tipp: Funktioniert auch in einem Waffeleisen für Herzwaffeln. Dafür jedoch das Backpulver weglassen.

kJ/kcal 1410/340 • K 9,5 g • E 6,2 g • F 31,3 g

Mousse au Chocolat
mit Orangenabrieb und Meersalz

Zutaten

150 g Eiweiß (von ca. 5 Eiern)
1 unbehandelte Orange
150 g zuckerfreie Zartbitterschokolade (z. B. Xukkolade)
2 Prisen Salz
150 g Sahne

Außerdem

Küchenreibe
Orangenabrieb zum Garnieren
grobes Meersalz

Vorbereitungszeit: 20 Min.
Gesamtkochzeit: keine
Kühlzeit: 3 Std.
Personen: 4
Schwierigkeitsgrad: einfach

Das Eiweiß vor der Weiterverarbeitung auf Zimmertemperatur erwärmen lassen. Die Orange waschen, trocken reiben und die Schale auf der feinen Seite einer Küchenreibe abraspeln. Die Zartbitterschokolade klein brechen und in einer Metallschüssel über einem heißen Wasserbad schmelzen lassen.

Das Eiweiß mit dem Salz in einer unbedingt fettfreien Metallschüssel etwa 5 Minuten steif aufschlagen. Die Sahne ebenfalls steif schlagen. Die flüssige Schokolade in den Eischnee laufen lassen und dabei unterheben. Den Orangenabrieb hinzufügen und die geschlagene Sahne vorsichtig unterheben. Im Kühlschrank mindestens 3 Stunden kalt stellen.

Zum Servieren in Schälchen verteilen, mit Orangenabrieb garnieren und mit grobem Meersalz bestreuen.

Praxis-Tipp: Wer zur flüssigen Schokolade noch 2 Blatt aufgelöste Gelatine (z. B. in 2–3 EL warmem Orangenlikör) hinzufügt, kann die Mousse auch in kleinen Förmchen erkalten lassen und hinterher stürzen.

kJ/kcal 1480/360 • K 7,1 g • E 13,9 g • F 30 g

Kokosmuffins mit Ananas

Zutaten

8 Eier (Größe L)
220 g Xylit-Zucker
120 g Sojamehl
2 TL Johannisbrotkernmehl
3 TL Backpulver
50 g Kokosraspeln (ungesüßt)
350 g Ananas (Dose)
200 g Doppelrahm-Frischkäse
50 g Erythrit-Pulver
(z. B. Puder-Xucker)

Außerdem

Muffinblech
Papierförmchen
elektrisches Handrührgerät
Kuchengitter
Kokosraspeln (ungesüßt)
zum Bestreuen

Vorbereitungszeit: 15 Min.
Gesamtbackzeit: 25 Min.
Stück: 12
Schwierigkeitsgrad: einfach

Den Backofen auf 160 °C Umluft vorheizen und ein 12er-Muffinblech mit Papierförmchen auslegen. 6 Eier trennen, die Eiweiße steif schlagen. Die Eigelbe, die restlichen Eier und den Xylit-Zucker mit den Quirlen eines elektrischen Handrührgerätes ca. 5 Minuten hellschaumig aufschlagen. Beide Mehlsorten sowie das Backpulver darüber sieben und einrühren. Die Kokosraspeln hinzufügen und zusammen mit den geschlagenen Eiweißen unter den Teig heben.

Den Teig in den Papierförmchen verteilen. Die Ananas fein würfeln, auf Küchenpapier trocken tupfen. Ein paar Würfel zum Verzieren beiseitelegen und den Rest in den Förmchen verteilen und ein wenig in den Teig eindrücken. Im vorgeheizten Backofen etwa 25 Minuten backen, danach aus dem Muffinblech heben und auf einem Kuchengitter auskühlen lassen.

Den Frischkäse mit dem Erythrit-Pulver verrühren und ca. 200 g davon auf den Muffins verstreichen. Mit Kokosraspeln bestreuen und jeweils mit einem Klecks der restlichen Frischkäsemasse krönen. Mit den übrigen Ananaswürfeln verzieren und servieren oder bis zum Servieren kühl stellen.

Praxis-Tipp: Den Teig mit Rumaroma oder mit Rum aromatisieren. So werden die Kokosmuffins zu Piña-Colada-Muffins.

kJ/kcal 770/180 • K 12 g • E 6,8 g • F 7,4 g

Apfelcrumble

Zutaten

400 g Äpfel
100 g gemahlene, geschälte Mandeln
100 g Butter
100 g Xylit-Zucker

Außerdem

4 kleine Auflaufförmchen

Vorbereitungszeit: 10 Min.
Gesamtbackzeit: 25 Min.
Personen: 4
Schwierigkeitsgrad: einfach

Den Backofen auf 160 °C Umluft vorheizen. Die Äpfel schälen, halbieren, entkernen und würfeln. Die Apfelwürfel in die Förmchen füllen.

Die Mandeln mit der Butter und dem Xylit zu Streuseln verreiben. Auf den Apfelwürfeln verteilen und im Ofen 20–25 Minuten goldbraun backen. Warm servieren.

Wussten Sie schon? Ideal bei Low Carb sind Früchte mit einem möglichst niedrigen Zuckergehalt. Äpfel enthalten zudem noch den Ballaststoff Pektin, der Cholesterin und Gallensäuren bindet.

Praxis-Tipp: Noch ein paar gehackte Walnusskerne unter die Apfelwürfel mischen.

kJ/kcal 1660/397 • K 17 g • E 5,2 g • F 35,7 g

Papayamousse

Zutaten

3,5 Blatt Gelatine
250 g Papayafruchtfleisch
(ca. 1/2 Papaya)
Saft von 1 Zitrone
1 Ei
1 Eigelb
50 g Xylit-Zucker
200 g kalte Sahne
2 Passionsfrüchte

Außerdem

Stabmixer
4 kleine Souffléförmchen

Vorbereitungszeit: 20 Min.
Gesamtkochzeit: 5 Min.
Kühlzeit: 3 Std.
Personen: 4
Schwierigkeitsgrad: einfach

Die Gelatine in kaltem Wasser einweichen. In der Zwischenzeit das Papayafruchtfleisch würfeln und zusammen mit dem Zitronensaft zum Kochen bringen. 5 Minuten leise köcheln lassen und dann mit einem Stabmixer pürieren. Die ausgedrückte Gelatine in dem noch heißen Fruchtpüree auflösen und auf Zimmertemperatur abkühlen lassen.

Das Ei und das Eigelb mit dem Xylit-Zucker 5 Minuten hellschaumig aufschlagen. Die Sahne steif schlagen. Das Papayapüree in den Eischaum rühren und die Sahne vorsichtig unterheben. In die Förmchen füllen und im Kühlschrank zugedeckt mindestens 3 Stunden kalt stellen. Zum Servieren die Passionsfrüchte halbieren, das Fruchtmark mit den Kernen entnehmen und über der Papayamousse verteilen.

Praxis-Tipp: Papayas sind das ganze Jahr über in Geschäften für asiatische Lebensmittel erhältlich. In der Winterzeit auch in fast allen anderen Supermärkten.

kJ/kcal 1040/250 • K 4,8 g • E 6,1 g • F 19,3 g

Mandelcreme mit Vanille und Quark

Zutaten

3 Blatt Gelatine
3 Eigelbe
80 g Xylit-Zucker
Mark von 1 Vanilleschote
200 g Quark (40 %)
60 g gemahlene Mandeln (geschält)
einige Tropfen Mandelaroma
200 g kalte Sahne

Außerdem

elektrischer Handrührer
frische Beeren zum Garnieren
Waldmeister zum Garnieren

Vorbereitungszeit: 20 Min.
Gesamtkochzeit: keine
Kühlzeit: 4 Std.
Personen: 4
Schwierigkeitsgrad: einfach

Die Gelatine in kaltem Wasser einweichen. Die Eigelbe mit dem Xylit-Zucker 5 Minuten hellschaumig aufschlagen. Die Vanille, den Quark, die Mandeln und das Mandelaroma einrühren. Die ausgekratzte Vanilleschote zum Garnieren beiseitelegen.

3–4 EL der Quarkmasse in einem Topf erwärmen, die ausgedrückte Gelatine darin auflösen und in die restliche Quarkmasse rühren. Die Sahne steif schlagen und vorsichtig unterheben. Zugedeckt im Kühlschrank mindestens 4 Stunden kalt stellen. Zum Servieren als Nocken auf Tellern anrichten, mit frischen Beeren, der ausgekratzten Vanilleschote und mit Waldmeister garnieren.

Praxis-Tipp: Nocken aus der Mandelcreme sticht man am besten mit einem in heißes Wasser getauchten Esslöffel aus.

kJ/kcal 1427/342 • K 5,4 g • E 10,3 g • F 30,2 g

Arme Ritter mit Mandelbrot

Zutaten

Für das Mandelbrot (12 Scheiben)

300 g Quark (40 %)
300 g gemahlene Mandeln (geschält)
8 Eier
100 g Xylit-Zucker
2 TL Backpulver
40 g flüssige Butter

Für die Armen Ritter

100 ml Milch
2 Eier
4 Scheiben Mandelbrot
1 EL Butter
1 Mango
abgeriebene Schale
von 1 unbehandelten Limette

Außerdem

Standmixer
Kastenbackform (25 cm)
Backpapier
Zitronenmelisse zum Garnieren

Vorbereitungszeit: 20 Min.
Gesamtkochzeit: 60 Min.
Personen: 4
Schwierigkeitsgrad: einfach

Für das Mandelbrot den Backofen auf 160 °C Ober- und Unterhitze vorheizen. Den Quark, die Mandeln, die Eier, den Xylit-Zucker und das Backpulver im Standmixer gründlich verschlagen. Weiter schlagen und die Butter in einem dünnen Strahl einlaufen lassen. Die Form mit Backpapier auslegen und den Teig einfüllen. Im Ofen etwa 50 Minuten backen. Gegen Ende der Backzeit eine Garprobe mit einem Holzstäbchen machen. Das Mandelbrot aus der Form stürzen und abkühlen lassen.

Für die Armen Ritter die Milch mit den Eiern verquirlen und die 4 Brotscheiben darin ca. 5 Minuten einweichen. Nach der Hälfte der Zeit wenden. Die Butter in einer beschichteten Pfanne erhitzen und die Scheiben darin von beiden Seiten goldbraun braten.

In der Zwischenzeit die Mango schälen, entkernen und würfeln. Die Armen Ritter auf Tellern anrichten und die Mangowürfel darauf verteilen. Mit dem Limettenabrieb bestreuen und mit Zitronenmelisse garnieren.

Praxis-Tipp: Das restliche Mandelbrot z. B. in Scheiben getoastet zum Frühstück genießen, für Cake Pops benutzen oder für die nächsten Armen Ritter einfrieren.

kJ/kcal 1720/410 • K 12,2 g • E 17,8 g • F 30,4 g

Gegrillte Kaki
mit Ziegencreme und Lavendelblüten

Zutaten

2 Kakifrüchte à 200 g
150 g Ziegencreme
1 EL getrocknete Lavendelblüten

Außerdem

Grillpfanne
Zitronenmelisse zum Garnieren

Die Kakifrüchte waschen und in 2 cm dicke Scheiben schneiden. Die Ziegencreme mit der Hälfte der Lavendelblüten verrühren.

Eine Grillpfanne erhitzen und die Kakischeiben darin von beiden Seiten insgesamt ca. 10 Minuten grillen. Die Ziegencreme darauf verteilen und mit den restlichen Lavendelblüten bestreuen. Mit Zitronenmelisse garnieren.

Vorbereitungszeit: 10 Min.
Gesamtkochzeit: 10 Min.
Personen: 4
Schwierigkeitsgrad: einfach

Praxis-Tipp: Sollten Kakis nicht erhältlich sein, können sie durch 6 halbierte Aprikosen ersetzt werden.

kJ/kcal 692/166 • K 17 g • E 2,4 g • F 9,6 g

Schokoküchlein in Herzform

Zutaten

Butter für die Formen
300 g zuckerfreie Zartbitterschokolade (mind. 70 % Kakaoanteil)
50 g Xylit-Zucker
60 g Butter
6 Eier
1 Prise Salz
100 g gemahlene Mandeln

Außerdem

4 herzförmige Springformen
(ca. 12 cm ø)
elektrischer Handrührer
frische Himbeeren zum Garnieren
Erythrit-Pulver zum Bestäuben
(z. B. Puder-Xucker)

Vorbereitungszeit: 20 Min.
Gesamtbackzeit: 25 Min.
Personen: 4
Schwierigkeitsgrad: einfach

Den Backofen auf 180 °C Ober- und Unterhitze vorheizen. Die Formen buttern. Die Zartbitterschokolade hacken und über einem heißen Wasserbad schmelzen. Den Xylit-Zucker und die Butter in kleinen Stücken einrühren, bis sich die Butter aufgelöst hat. Die Eier trennen. Die Eigelbe nach und nach in die Schokoladenmasse einrühren.

Das Eiweiß mit dem Salz steif aufschlagen und zusammen mit den Mandeln unter die Schokoladenmasse heben. In die vorbereiteten Formen füllen und im Ofen 20–25 Minuten backen. Etwas abkühlen lassen, aus den Formen heben und mit frischen Himbeeren garnieren. Mit Erythrit-Pulver bestäuben.

Praxis-Tipp: Eine Garprobe ist nicht notwendig, denn der Kuchen schmeckt auch sehr gut, wenn er innen noch nicht ganz durchgebacken ist. Wer also einen „flüssigen Kern" mag, kann ihn auch etwas früher aus dem Backofen nehmen. Wer keine Herzformen besitzt: Der Teig reicht z. B. auch für 8 Muffinformen.

kJ/kcal 3490/850 • K 6,8 g • E 33,4 g • F 71,9 g

Register